DES
FAMINES PÉRIODIQUES
EN ALGÉRIE

ET

D'UN MOYEN D'Y PORTER REMÈDE

PAR

ALFRED GUY

INGÉNIEUR DES ARTS ET MANUFACTURES

Prix : 0 fr. 50

PARIS

AUGUSTIN CHALLAMEL, ÉDITEUR

LIBRAIRIE ALGÉRIENNE

5, rue Jacob et rue Furstenberg, 2

Avril 1893

DES
FAMINES PÉRIODIQUES
EN ALGÉRIE

ET

D'UN MOYEN D'Y PORTER REMÈDE

PAR

Alfred GUY

INGÉNIEUR DES ARTS ET MANUFACTURES

Prix : 0 fr. 50

PARIS

Augustin CHALLAMEL, Éditeur

LIBRAIRIE ALGÉRIENNE

5, rue Jacob et rue Furstenberg, 2

Avril 1893

DES

FAMINES PÉRIODIQUES

EN ALGÉRIE

ET

D'UN MOYEN D'Y PORTER REMÈDE

——×◦×——

C'est un fait bien établi maintenant : les années d'abondance et de disette se succèdent en Algérie par périodes, comme en Égypte au temps des Hébreux. C'est l'histoire des vaches grasses et des vaches maigres de Pharaon. Le cycle complet n'est pas de 14 ans, mais de 11 ans en moyenne, parce qu'il est le même que celui de la période des taches solaires (1). Toutes les années qui composent la série maigre ne sont pas également mauvaises. Parfois, il y a un peu de récolte dans chacune de ces années ; d'autres fois, une très bonne année se trouve intercalée entre d'autres très mauvaises. De plus, il est rare que la récolte manque partout à la fois, car elle ne dépend pas uniquement de la quantité de pluie tombée, mais aussi des hasards et, surtout, de l'à-propos des chutes de pluie.

Avant l'occupation française, lorsque la série maigre se trouvait être particulièrement mauvaise, c'est par centaines de mille que la faim faisait des victimes chez les indigènes. A l'heure où nous écrivons ces lignes, la population de la Tripolitaine est décimée par la famine et par le typhus qui en est la conséquence. En 1879, 50,000 indigènes sont morts de faim sous les murs de Mogador, au

---

(1.) Ainsi que nous l'avons exposé dans *La Précision du Temps*, dont la première application a été d'annoncer la famine actuelle, d'après un article paru en décembre 1892 dans l'*Indépendance Belge* et reproduit par une partie de la Presse européenne.

Maroc, où ils s'étaient rendus dans l'espoir d'obtenir des secours des navires européens.

Aujourd'hui les Arabes obtiennent du travail auprès des colons qui, en outre, ne leur marchandent pas les secours de toutes sortes ; le budget métropolitain leur vient en aide, ainsi que la charité privée ; aussi la faim ne fait-elle plus guère de victimes : il faut même voir là une des causes de l'accroissement de la population indigène, si rapide depuis la conquête.

Quant aux colons, ils offrent une grande force de résistance due à leur courage au travail et à leur esprit de prévoyance ; la meilleure preuve, c'est que malgré ces retards, on pourrait dire ces reculs périodiques, le chemin parcouru est considérable et les progrès sensibles.

La quantité de pluie qui tombe dans le Tell algérien est beaucoup plus grande qu'on est tenté de le croire : elle n'est guère inférieure à celle qui tombe sur la France. Malheureusement, la part de cette eau qui est enlevée par l'évaporation est considérable, en raison de la douceur de la température, et de plus, par suite de la dénudation des pentes dépourvues de forêts et même de gazon, le ruissellement des eaux est extrêmement rapide, de sorte qu'une partie importante de l'eau de pluie s'écoule par les oued et se trouve ainsi perdue pour l'agriculture.

Le reboisement du sol pour régulariser le régime hydrologique, et la construction de barrages pour emmagasiner l'eau, tels sont les deux grands moyens de remédier aux défauts du climat.

Mais ces moyens, qui exigent de grands capitaux et surtout beaucoup de temps, concernent principalement les Européens, et notre but est d'indiquer un moyen de mettre à la disposition des indigènes, dans les années de disette, un aliment nutritif et à bon marché. Il existe en effet, dans ce pays, une denrée abondante qui pourrait jouer dans l'alimentation des indigènes le même rôle que chez nous la pomme de terre, qui a contribué autant que la rapidité des moyens de communication a rendre la famine impossible en Europe ; nous voulons parler de la datte, dont les indigènes sont si friands.

Pendant que l'Algérie est exposée à des sécheresses périodiques qui affament les populations, il existe, à deux pas de nous, une région privilégiée qui n'a rien à redouter de la sécheresse, au contraire, et qui se trouve dans l'abondance, précisément aux époques où la famine règne en Algérie. C'est la région des oasis du Sahara oranais et du Sahara marocain, principalement le Touat et le Tafilalet.

Alors que la plus grande partie de l'eau de pluie qui tombe sur le versant méditerranéen de l'Atlas est absorbée, comme nous venons de le voir, par l'évaporation ou par le lit des oued, sur le versant saharien pas une goutte d'eau ne se perd : l'eau qui dévale sur les pentes dénudées de l'Atlas, aussi bien que celle qui tombe directement sur les dunes, s'infiltre immédiatement dans les sables, où elle se trouve à l'abri de l'évaporation et va alimenter les nappes souterraines. Dans toute l'étendue du Touat, qui est grand comme plusieurs départements français, l'eau se trouve à quelques pieds de profondeur. Comme la nappe souterraine est inépuisable, les habitants des oasis ne désirent pas la pluie, ils la redoutent même, car elle occasionne des avaries aux murs en pisé. Sur beaucoup de points, l'eau vient même affleurer à la surface, et il existe au Touat une sorte de marais permanent ou sebkha, qui a plus de 100 kilomètres en longueur et une largeur qui dépasse par endroits 50 kilomètres.

La principale, on pourrait dire l'unique plante cultivée dans ce pays, c'est le palmier qui s'y trouve dans son élément, car il a les pieds à l'eau, la tête au feu. Le palmier croît au Touat en véritables forêts, comme le sapin dans les Vosges ou le Jura. C'est par millions et même par dizaines de millions qu'on pourrait y compter ces arbres si productifs. Les touristes qui ont visité Biskra et ses 140,000 palmiers ne peuvent que se faire une bien faible idée de ces forêts merveilleuses, à travers lesquelles M. Gerhard Rohlfs a pu cheminer des heures entières sans voir le soleil. Ce célèbre explorateur a séjourné au Touat à deux reprises différentes, en 1861 et en 1864. Tous les ans, des caravanes comprenant jusqu'à 30,000 chameaux se rendent du Sud-Oranais au Touat pour y échanger de l'orge et des produits manufacturés d'Europe contre des dattes. Tous les ans également, c'est par centaines que les habitants du Touat viennent dans la province d'Oran offrir leurs bras pour les travaux agricoles et pour les travaux des chemins de fer. Nous possédons, par conséquent, les renseignements les plus positifs sur cette contrée si intéressante, qu'on ne s'attendrait pas à trouver au beau milieu des solitudes du désert et dont la population n'est pas inférieure à 200,000 habitants.

Le Touat se trouve tout entier au Sud de la province d'Oran. Insalah, l'une des trois villes principales, située à la pointe sud-orientale, se trouve sous le méridien de Tiaret, et Igli, tête du Touat au nord-ouest, à la pointe opposée, se trouve sous le méridien de Nemours. Ce sont, d'ailleurs, les eaux descendues de l'Atlas oranais et de l'Atlas marocain, par les affluents de l'oued Messaoura, qui alimentent la nappe souterraine du Touat, lequel est bien une dépendance du Sud-Oranais, ainsi que l'écrivait, déjà en 1861, l'explorateur M. Gerhard Rohlfs (1). Aussi toutes les relations du Touat avec l'Algérie ont-elles lieu avec l'Oranie, par la fameuse trouée d'Igli. Les relations avec les autres provinces sont insignifiantes, pour ne pas dire nulles. Mais la plus grande partie des relations commerciales du Touat ont lieu avec le Maroc, par la même trouée d'Igli, qu'emprunte également la plus grande partie des caravanes qui se rendent du Maroc au Soudan. Nos lecteurs savent que, parallèlement à l'Atlas, court du golfe de Gabès à l'Atlantique une véritable chaîne de montagnes de sable, les grandes Erg, extrêmement difficiles à franchir, dans lesquelles l'oued Messaoura, qui assez fréquemment roule de l'eau à la surface, s'est creusé un véritable défilé ou cannon, qu'on appelle la trouée d'Igli, par laquelle on accède au Touat.

La production des dattes au Touat est considérable. Il est vrai que la plus grande partie est consommée sur place pour la nourriture des 200,000 habitants des oasis, qui vivent presque uniquement du fruit de leurs palmiers. Mais le jour où ils trouveraient l'écoulement de leurs produits, ils pourraient augmenter beaucoup la production, car tous les terrains disponibles sont loin d'être utilisés ; nous venons même de voir que sur bien des points les eaux sont en excès, au point de s'étaler à la surface du sol. Avec quelques travaux, il serait facile de rendre à la culture des terrains qui n'appartiennent à personne aujourd'hui et qui, entre les mains d'une Société de colonisation, donneraient des bénéfices importants. C'est l'avis de M. Gerhard Rohlfs qui, déjà en 1861, signalait les avantages que la France retirerait de l'occupation de ce pays, dépendance naturelle de l'Oranie.

D'un autre côté, les habitants du Touat ne demandent pas mieux que d'échanger leurs dattes contre de l'orge, afin de varier leur nourriture.

La production des dattes au Touat peut donc être considérée, sinon comme illimitée, du moins comme bien supérieure aux besoins

---

(1) M. Gerhard Rohlfs suit avec beaucoup d'intérêt tout ce qui s'écrit sur la question, tant en France qu'à l'étranger, et à l'époque où certains auteurs, dans un but facile à comprendre, prétendaient que le prolongement de la ligne d'Aïn-Sefra nous amènerait des difficultés diplomatiques, il prit la peine de nous écrire que personne en Europe ne pouvait songer et ne songeait à nous empêcher de suivre le seul itinéraire rationnel pour atteindre nos possessions du Niger.

des habitants, et la quantité disponible pour l'exportation suffirait à alimenter un chemin de fer à voie étroite.

De plus, avant même d'arriver à Igli, cette porte du Touat au confluent des rivières qui forment l'oued Messaoura, et à une distance d'une centaine de kilomètres sur la droite, se trouve un autre groupe d'oasis, presque aussi important comme population et comme nombre de palmiers que le Touat lui-même, connu sous le nom de Tafilalet. Il est vrai que le Tafilalet est considéré comme appartenant à l'empire du Maroc, dont il est cependant à peu près indépendant, à cause de la difficulté des communications : la chaîne du grand Atlas qui le sépare du Maroc se trouve sur cette partie de son développement très élevée et très difficile à franchir. Aussi ne saurait-il être question d'y faire passer le chemin de fer ; pas plus du reste que dans l'oasis de Figuig, peuplée de 15,000 habitants au moins avec 300,000 palmiers, qui est encore plus rapprochée de notre frontière, mais que le traité de 1845, rédigé à une époque où l'on ne connaissait pas le Sud, a compris à tort comme faisant partie du Maroc. Nous n'avons d'ailleurs aucun intérêt, à notre avis, à violer sur ce point la lettre du traité et à faire un crochet pour desservir cette oasis, dont les habitants ainsi que ceux du Tafilalet ne manqueront pas de nous apporter leurs produits, lorsque la voie ferrée passera à proximité de chez eux : la preuve c'est que, malgré la distance, les Tafilaliens commencent à venir à la gare d'Aïn-Sefra.

Comme ceux des oasis du Touat et du Tafilalet, nos indigènes sont très friands de dattes, et si cette denrée pouvait arriver à bas prix sur nos marchés, ils en feraient volontiers la base de leur nourriture, surtout dans les années de misère comme celles que nous traversons actuellement, où l'orge est hors de prix. C'est ce qui arrivera le jour où le chemin de fer atteindra Igli, qui ne se trouve plus qu'à 350 kilomètres d'Aïn-Sefra, car ce jour-là le transport des dattes d'Igli à Saïda, par exemple, pour une distance de 650 kilomètres environ, à raison de 8 centimes par tonne kilométrique, ne reviendra guère qu'à 5 francs le quintal ; et le prix de 8 centimes sera très rémunérateur, parce que ces transports, qui ont lieu par wagons-tombereaux, ne donnent lieu à aucun soin. Les transports par chameaux sont si onéreux, que pour le parcours de 65 kilomètres, d'Aïn-Sefra à Djenien-bou-Resg, par exemple, l'Intendance a passé un marché à raison de 7 fr. 70 le quintal ! Dans les années de famine, rien ne sera d'ailleurs plus facile que d'imposer à la Compagnie exploitante un tarif temporaire plus réduit, et elle y trouverait encore son compte en raison de la grande quantité des transports.

Or les dattes, surtout celles de mauvaise qualité dont se contentent nos indigènes, sont à vil prix dans les oasis du Sud. Gerhard Rohlfs a vu vendre au Touat une charge de chameau pour 2 francs. Par contre, dans les années d'abondance, lorsque le prix de l'orge descend jusqu'à 7 à 8 francs le quintal à Saïda, comme en 1884 par exemple, elle vaut jusqu'à 40 francs dans les oasis du Sud. Mais en moyenne il faut compter qu'un quintal d'orge s'échange dans le Sud contre trois quintaux de dattes, ou, réciproquement, un quintal de dattes contre trois quintaux d'orge dans le Tell.

Dans les années de disette, grâce au chemin de fer, pour un quintal d'orge on donnera ici jusqu'à deux quintaux de dattes : de sorte que les dattes, dont le Sud peut nous approvisionner en quantité considérable, reviendront en moyenne sur nos marchés à un prix bien inférieur à celui de la pomme de terre, et les effets de la famine seront singulièrement atténués.

Si l'on ajoute aux transports d'orge et de dattes, les transports de produits manufacturés, qui ne manqueront pas de remplacer les produits anglais dans les oasis du Sud, et même du Soudan (car les Touatiens sont les intermédiaires des échanges entre le Soudan et le Maroc), on arrive à cette conviction que le chemin de fer couvrirait immédiatement ses frais d'exploitation, bien entendu d'une exploitation spécialement économique, comme celle qui convient à une pareille ligne.

D'autre part, comme le trafic apporté par le nouveau tronçon d'Aïn-Sefra à Igli se reporterait sur l'ensemble du réseau oranais et même algérien, le surcroît de recettes qui en résulterait viendrait, en grande partie, en déduction des sommes que l'État est obligé de payer tous les ans au titre de la garantie d'intérêt. En évaluant, par exemple, en moyenne, au chiffre dérisoire de 1,000 francs par kilomètre la plus-value qui en résulterait pour les 1,200 kilomètres actuellement en exploitation dans l'Oranie, c'est une somme de 1,200,000 francs qui reviendrait au Trésor, c'est-à-dire une somme suffisante pour assurer l'intérêt et l'amortissement des 25,000,000 de francs que coûterait, au maximum, la ligne d'Aïn-Sefra à Igli. Les études de la partie comprise entre Aïn-Sefra et Djenien-bou-Resg, pour la traversée de l'Atlas, viennent en effet d'être terminées, et M. Genty, l'Ingénieur en chef, dont la compétence en travaux publics est bien connue en Algérie, où il a fait toute sa carrière, n'a pas évalué à plus de 70,000 francs la dépense kilométrique de ce premier tronçon. Au delà de Djenien il n'y aurait, pour ainsi dire, qu'à poser les rails, la voie se trouvant en quelque sorte dans son ballast.

La construction de cette ligne jusqu'à Igli est décidée en principe dans les sphères gouvernementales ; il s'agit, en effet, de mettre fin aux agissements du Maroc qui, depuis quelque temps, cherche à s'annexer le Touat, resté indépendant jusqu'à ces derniers temps, à tel point que les habitants avaient autrefois envoyé une ambassade à Alger, pour solliciter, à l'exemple du Mzab, le protectorat de la France : proposition qui n'avait pu être accueillie en raison de la difficulté de communiquer, à cette époque-là, avec les oasis du Sud. Aujourd'hui, c'est vers le Maroc que les Touatiens se tournent, poussés par la puissante confrérie des Snoussi, et peut-être aussi par les Anglais, qui craignent de voir ce débouché échapper à leurs produits ; car c'est presque uniquement par les ports du littoral marocain que les Touatiens s'alimentent de produits manufacturés, pour eux et pour le Soudan occidental. Or, la possession du Touat est capitale pour nous ; ce pays forme, en effet, à moitié chemin de la Méditerranée au Soudan, au beau milieu des solitudes du Sahara, une étape nécessaire pour tous les projets de chemins de fer transsahariens, quel que soit d'ailleurs l'objectif : lac Tchad ou Niger. Si nous n'y prenons garde, la route du Soudan nous sera bientôt coupée. C'est pour cette raison que la Chambre, à une grande majorité, et le Sénat à l'unanimité, ont, sur la proposition du Ministre des Travaux publics, voté, comme première mesure, les études du chemin de fer d'Aïn-Sefra à Djenien-bou-Resg. Mais c'est insuffisant : les agissements du Maroc n'en ont pas moins continué de plus belle ; il est indispensable de pousser jusqu'à Igli, afin de couper ses communications avec le Touat.

C'est bien ce qui est décidé en principe ; mais alors pourquoi ne pas mettre le projet à exécution de suite, puisqu'il ressort de renseignements les plus positifs qu'il n'en résulterait aucun sacrifice pour nos finances, et que le chemin de fer rendrait immédiatement les plus grands services à la colonie, en atténuant les famines qui désolent périodiquement ce pays ? Plus nous attendons, plus la situation devient mauvaise.

Malheureusement, il faut s'attendre à ce qu'un projet aussi rationnel et aussi utile trouve une opposition systématique de la part des autres départements algériens. Presque invariablement, en effet, chaque fois qu'il est question de faire n'importe quoi dans un des trois départements, vite les autres s'y opposent, à moins qu'on ne leur en fasse autant. Cette façon de faire est aussi puérile que contraire aux intérêts de la colonie. Nous en avons actuellement un exemple frappant sous les yeux :

Dans la province de Constantine, le chemin de fer garanti par l'État s'arrête à Biskra ; mais au delà se trouve une région très intéressante, l'Oued Rhir, où depuis longtemps la colonisation a fait de grands progrès, à tel point que la population, qui était à l'origine de 6,000 habitants, y est aujourd'hui de 12 à 15,000. Ce pays se trouve au-dessus d'une nappe d'eau souterraine, alimentée par l'Igarghar et l'oued Mya descendus de l'Ahaggar, ce massif montagneux qui se trouve au milieu du désert, sous le méridien de Biskra. Dans la partie du Sahara qui confine à la province de Constantine, l'inclinaison du sol est, en effet, inverse de celle du Sud-Oranais dont les eaux descendent vers le Niger par l'oued Messaoura. Sur toute l'étendue de la nappe souterraine de l'Oued Rhir, la sonde fait naître des sources jaillissantes, autour desquelles se créent immédiatement de nouvelles oasis. Une Société est en voie de formation, sous les auspices d'ingénieurs distingués et bien au courant des questions algériennes, comme MM. Rolland, Fock, Lippmann, pour mettre en valeur les richesses latentes de ce pays. Cette Société, dont la présidence appartient à M. Rolland, le célèbre ingénieur, connu entre autres par ses beaux travaux sur le Sahara, offre de construire un chemin de fer à voie de 1ᵐ 05, de Biskra à Ouargla, sans autre condition que la concession de 100,000 hectares de terre le long de la voie ferrée. C'est là une proposition des plus avantageuses qu'il faut s'empresser d'accepter, puisque le projet a pour but de doter l'Algérie d'une voie ferrée de 380 kilomètres de longueur et d'entreprendre d'importants travaux de colonisation sur des surfaces actuellement incultes.

A notre avis, l'État devrait même accorder à cette Société une subvention pécuniaire, calculée sur le surcroît de trafic que la nouvelle ligne apportera au réseau existant, qui est à la charge de l'État pour longtemps.

Or, un projet aussi avantageux rencontre une vive opposition de la part de la ville d'Alger. On craint que ce chemin de fer ne serve d'amorce au futur transsaharien ; car on soupçonne, et avec raison, les auteurs du projet en question de nourrir le secret dessein de prolonger, par la suite, leur ligne jusqu'au lac Tchad. Comme il faudrait pour cela franchir les grandes Erg par la trouée de l'Igarghar, libre de sables mais dépourvue d'eau, ainsi que vient de le constater M. Gaston Méry, escalader le massif de l'Ahaggar, puis redescendre jusqu'au Tchad à travers 3,000 kilomètres de désert, il n'est pas probable que ce projet l'emporte jamais sur celui qui, descendant d'Aïn-Sefra par la pente naturelle du sol jusqu'au Niger, a l'immense avantage de passer par le Touat, ce pays magnifique où les travaux de colonisation feront des merveilles, sans avoir recours au forage de puits profonds, puisque l'eau se trouve à quelques pieds de profondeur, et qui coupe en deux la distance du Soudan ; et cela quelque soit d'ailleurs l'objectif : lac Tchad ou Niger (1).

Quoi qu'il en soit de ce problème dont il faut, à notre avis, laisser la solution à nos neveux, l'arrière-pensée que nourrissent certainement les auteurs du projet de chemin de fer de l'Oued Rhir, de prolonger leur ligne jusqu'au Tchad, ne saurait être un motif d'opposition, bien au contraire.

Si le département d'Alger est le plus mal partagé sous le rapport des voies ferrées, la cause en est à sa situation géographique particulièrement difficile. Il n'est pas possible d'enlever les montagnes qui l'encerclent pour les transporter sur la route d'Ouargla. L'emplacement de la ville d'Alger n'est pas justifié par des avantages territoriaux exceptionnels. On se demande si les Romains ont possédé un établissement de quelque importance sur ce point de la côte, et on sait à quel genre de commerce la ville d'Alger devait son importance, avant la conquête. Si, malgré cette situation désavantageuse, elle renferme une population beaucoup plus considérable que Constantine, et même qu'Oran, la ville la plus commerçante de la Colonie, dont le port est classé parmi les plus importants de la France, cela provient de ce que, sur les cinq milliards qui ont été gaspillés en Algérie par suite des hésitations et du manque d'esprit de suite qui différencie notre race de celle des Slaves, une partie importante a été dépensée sur ce point de la colonie.

Le département d'Alger, si mal partagé sous le rapport des conditions géographiques, devrait en prendre franchement son parti et se borner à demander l'extension de son réseau intérieur ; car il ne manque pas de lignes dont la construction s'impose, comme celle d'Alger à Blida et de Berrouaghia à Boghar, par exemple. Cette ligne pourrait même par la suite être prolongée jusqu'à Laghouat,

---

(1) Du fond du Touat au Niger, l'oued Messaoura ne reparaît à la surface que dans la seconde moitié du parcours, mais l'eau ne manque pas, puisque c'est le chemin le plus fréquenté des caravanes. Et il serait facile de jalonner la route par des oasis artificielles, que personne ne songe à créer actuellement dans l'état d'insécurité où se trouve le pays.

mais seulement au fur et à mesure des ressources disponibles, car de longtemps elle ne sera productive.

La province d'Oran, à laquelle les conditions géographiques sont au contraire complètement favorables, se montre cependant beaucoup plus réservée et plus sage. Je reconnais bien, nous disait dernièrement un honorable Conseiller général, que le prolongement de notre ligne jusqu'à Igli serait très avantageux pour les indigènes, auxquels il permettrait d'avoir à bas prix, surtout dans les années de disette, un aliment auquel ils attachent tant de prix, et à la Métropole, qui trouverait pour ses produits un débouché sur une région peuplée de plus de 500,000 habitants; mais pour nous colons, qui ne sommes ni mangeurs de dattes, ni manufacturiers, ne serait-il pas préférable de consacrer la somme de 25,000,000 à l'extension du réseau du Tell, entre autres, aux lignes de Tlemcen à la mer, d'Oran aux Andalouses et surtout d'Oran à Arzew, dont le trafic est si important que l'entretien de la route, sur 43 kilomètres seulement, coûte plus de 100,000 francs par an à l'État? Nous serions absolument de votre avis, lui répondîmes nous, si la dépense de 25,000,000 devait venir en aggravation des charges que le réseau algérien impose au budget; mais dans la certitude que l'annuité payée par l'État aux Compagnies n'en serait pas augmentée, la construction de la ligne projetée ne saurait nuire à celle des lignes que le Conseil général réclame depuis si longtemps sur le littoral. Ce n'est que sous le bénéfice de ces observations que notre avis prévalut.

Une opposition au projet de railway d'Aïn-Sefra à Igli et au Touat est d'autant plus possible, que dans chaque province il ne manque pas de gens qui prétendent posséder la meilleure route pour aller au Touat. Cela peut paraître étonnant, après ce que nous venons de dire de ce pays, qui se trouve tout entier au sud de l'Oranie, dont il est une dépendance naturelle, puisque ce sont les eaux de l'Atlas oranais et marocain qui alimentent le Touat, et que toutes les relations du Touat ont lieu avec l'Oranie et le Maroc. Mais c'est le contraire qui serait étonnant, pour les personnes qui savent jusqu'à quel point les intérêts de clocher peuvent influencer les jugements des hommes. Il est donc nécessaire d'examiner sommairement la question à ce point de vue.

Nous avons vu, à différentes reprises, que les affluents de l'oued Messaoura, qui se réunissent en un tronc commun à Igli et qui de temps à autres roulent de l'eau à la surface, sont parvenus à s'ouvrir une trouée dans les grandes Erg, cette ligne de collines de sables parallèles à l'Atlas, qui représente sur nos frontières sahariennes une sorte de muraille de la Chine (1). Or, il existe une autre trouée dans les Erg, à El-Goléa, petite oasis qui se trouve sensiblement sous le méridien d'Alger, à peu près à la même latitude qu'Igli. La trouée d'El-Goléa est loin d'être aussi facile que celle d'Igli ; elle n'est pas, d'ailleurs, complètement libre de sables, mais enfin on peut sans difficulté l'emprunter pour se rendre au Touat. El-Goléa se trouve précisément à l'extrémité de ce plateau crayeux, aride et profondément découpé par les eaux, qui s'étend au sud de la province d'Alger et qui forme la ligne de faîte entre le bassin de l'oued Messaoura, cet affluent du Niger, et le bassin des oued qui, coulant vers le nord, viennent alimenter la nappe de l'Oued Rhir.

Mais il suffit de jeter un coup d'œil sur la première carte venue, pour voir combien il serait difficile et coûteux d'atteindre El-Goléa par le sud des autres provinces. Berrouaghia, le terminus de ce qu'on peut appeler la ligne de pénétration d'Alger, ne se trouve même pas à la latitude d'Arzew ; le pays à coloniser finit en réalité à Boghar, à peine plus loin, de sorte que cette ligne, d'un profil très difficile sur 6 à 700 kilomètres, serait condamnée à rester improductive ! Biskra se trouve un peu plus avancé dans le sud, à peu près à la latitude de Saïda, mais comme il faudrait obliquer davantage vers le sud-ouest pour arriver sous la province d'Alger, la distance ne serait guère moindre. Toutefois, il faut reconnaître que le profil de cette ligne serait très favorable et la construction très facile. En un mot, pour atteindre El-Goléa des autres provinces, il faudrait beaucoup de temps et d'argent, quelque chose comme 60 à 80 millions, alors que d'Aïn-Sefra à Igli il nous suffit de deux ans et de 25 millions ; de plus, la ligne d'Igli serait immédiatement productive, alors que les autres ne le deviendraient qu'après de longues années !

Mais ce n'est pas tout : il suffit de jeter un nouveau coup d'œil sur la carte pour voir que tandis que l'occupation d'Igli, coupant complètement la communication du Maroc avec le Touat, nous assurerait la possession complète de ce pays, l'occupation d'El-Goléa n'aurait pas la moindre influence sur le Touat. Pas plus que n'en aurait l'occupation du Roussillon par un corps de douaniers, pour empêcher la contrebande en Biscaye ! La meilleure preuve c'est que nous possédons réellement El-Goléa, puisque nous y avons

---

(1) Les grandes Erg sont une *dérivée géologique* de l'Atlas, car les tourbillons aériens qui s'appuient sur cette chaîne comme surface directrice, vont rassembler, à une certaine distance, les débris des roches et former une nouvelle chaîne, qui est une sorte d'image de la première.

une garnison de 60 hommes, et que même nous construisons une redoute à Assi-Ignifel, à 100 kilomètres plus loin, dont on se demande l'utilité, puisqu'elle occupe un lieu de passage où personne ou à peu près personne ne passe, les relations entre le Touat et les autres provinces étant insignifiantes. Pour tenir le Touat, il faudrait évidemment pousser jusqu'à Insalah, à 400 kilomètres plus loin, et encore là serait-on bien mal placé, puisqu'on se trouverait précisément à l'extrémité opposée au Maroc.

Il faut rappeler aussi que le petit tronçon d'Aïn-Sefra à Igli aurait, en plus, l'avantage de desservir le Tafilalet et autres oasis du Sahara marocain comprenant plusieurs centaines de mille habitants.

Nos lecteurs s'étonneront sans doute qu'en présence de faits aussi positifs, ils soit encore possible d'ergoter pour donner le change à l'opinion publique. Il suffit de lire certains auteurs pour voir qu'ils sont convaincus..., à la façon du Marseillais qui avait fini par croire à la sardine qui fermait le port ; mais beaucoup cherchent à pêcher en eau trouble et à profiter de l'ignorance dans laquelle nous nous trouvons en France de la géographie en général et de celle de l'Algérie en particulier. Il nous est facile de citer des exemples frappants de cette ignorance :

A l'époque où l'on versait des flots d'encre sur l'opportunité de la création de la mer Roudaire, au sud de Biskra, il y avait parmi les partisans du projet un officier supérieur, bien plus connu par ses travaux scientifiques que par ses études militaires, qui faisait valoir, entre autre argument, que la nouvelle mer sillonnée de canonnières, couvrirait à tout jamais notre frontière vers le Sud. Le malheureux ignorait que de l'autre côté se trouve une véritable mer de sables, large de plusieurs centaines de kilomètres, que l'on ne peut traverser qu'au péril de sa vie, et que derrière, jusqu'au Soudan, vit une population misérable : les Touaregs, dispersés au nombre de 100 à 200,000 à peine sur une superficie quadruple de celle de la France, qui ne sont armés que de lances, et qui, s'ils sont bien capables d'assassiner par trahison les explorateurs imprudents, ne constituent, au point de vue économique et stratégique, qu'un élément tout à fait négligeable.

Voici un exemple bien plus récent : L'année dernière, au moment où l'on se préoccupait de mettre un terme aux agissements du Maroc sur le Touat, et où l'on discutait les moyens à employer, il fut sérieusement question de diriger une colonne vers le Touat, par Laghouat et El-Goléa. Il paraît qu'un membre du Gouvernement eut la curiosité de demander quels étaient les ennemis qu'on comptait combattre : curiosité bien légitime, car, si pour faire un civet il faut un lièvre, pour faire la guerre il faut un ennemi.

Cette question était fort embarrassante. Entre Laghouat et El-Goléa on ne rencontre qu'un groupe important de population, le Mzab, qui renferme 30,000 habitants ; mais les Mozabites sont des gens fort paisibles, qui se répandent dans toutes les villes du Tell pour y exercer le commerce, et qui ne peuvent se ravitailler que chez nous. Aussi dès les débuts de la conquête sont-ils venus nous demander de les prendre sous notre protection, et depuis nous n'avons jamais eu de reproches à leur adresser.

A El-Goléa même se trouve une petite tribu extrêmement belliqueuse, mais qui tourne toute son ardeur contre les Touareg dont elle est l'ennemie héréditaire. Nous voulons parler des Chambâ qui ne peuvent, comme les Mozabites, se ravitailler que chez nous, et qui, pour cette raison sans doute, nous sont extrêmement fidèles. Ils sont beaucoup plus entreprenants et mieux armés que les Touareg, qui au fond sont des hommes peu redoutables, si ce n'est pour les explorateurs, qu'ils trahissent souvent et assassinent pour avoir leurs dépouilles ; car ils sont si misérables, que souvent ils sont obligés de mélanger de fiente de chameau les dattes avariées, qu'on leur abandonne au Touat en échange de quelques peaux de mouton. Les fameuses expéditions entre Chambâ et Touareg comprennent rarement plus d'une centaine de guerriers : les puits sont si rares et si peu abondants qu'ils ne peuvent abreuver un plus grand nombre d'hommes avec leurs montures. Encore faut-il souvent toute l'énergie des chefs pour éviter les querelles aux abords des puits. Un beau jour on apprend que les Touareg ont razzié quelques douzaines de moutons et plusieurs chameaux aux Chambâ ; mais bientôt ceux-ci, honteux de s'être laissé surprendre, reprennent leur bien avec usure. C'est ainsi que l'année dernière, au moment du voyage de M. Cambon à El-Goléa, et sans doute en son honneur, les Chambâ razzièrent cinq douzaines de moutons et onze chameaux aux Touareg. Mais tenez pour certains que les Touareg ne resteront pas sur cet affront et qu'ils prendront leur revanche, si ce n'est déjà fait. Voilà à quoi se réduisent les fameuses déprédations des Touareg dont on parle tant ! Les Chambâ ont toujours suffi à couvrir nos frontières au sud des provinces d'Alger et de Constantine, et l'on aurait parfaitement pu se dispenser de placer une garnison de 60 hommes à El-Goléa et à plus forte raison de construire une redoute à Assi-

Ignifel. (1) « Vous prêchez un converti », nous répondit un officier supérieur, auquel nous exposions dernièrement notre manière de voir ; « je suis un ancien commandant supérieur du cercle de Biskra ; » j'ai même vu les Chambâ s'en aller faire des razzias jusqu'en » Tripolitaine. On les gênerait fort, ainsi du reste que leurs adver- » saires, si on leur interdisait ces expéditions, ces sortes de tournois » qui sont leur seule distraction. Ce n'est pas moi que les auteurs de « projets de chemins de fer transsahariens viennent raser (sic) avec » la question Touareg. »

Les 100 à 200,000 Touareg dispersés sur une superficie quadruple de la France sont si misérables, qu'en les supposant condensés sur un seul point du désert, à Amguig par exemple, point d'eau à 1,000 kilomètres de Biskra et à 2,000 kilomètres du Tchad, ils donneraient tout au plus lieu à un trafic équivalant à celui d'un gros bourg de France. Il est donc bien inutile de nous raser, comme on le fait depuis quelque temps, avec de prétendues tentatives pour nouer des relations commerciales avec eux ! Est-il besoin d'ajouter que si, malgré tout, on persistait à établir un chemin de fer de plusieurs milliers de kilomètres à travers leur pays, il n'y aurait pas à s'occuper des Touareg, que quelques coups de fusil disperseraient ? Ils ne sont audacieux qu'avec les malheureux perdus au milieu du désert. Tout le monde sait comment Flatters a été assassiné et comment les débris de la mission ont pu, par une marche pénible de plusieurs mois, arriver jusqu'à Ouargla sans se laisser entamer.

Donc, pour en revenir à notre colonne, elle aurait dû, pour trouver l'occasion de tirer des coups de fusil, pousser jusqu'à Insalah, à 400 kilomètres plus au sud. Serait-il possible à une colonne un peu forte de s'éloigner ainsi à 7 ou 800 kilomètres de sa base d'opé- rations, c'est-à-dire de la place de Laghouat, qui se trouve elle-même à 300 kilomètres de la gare la plus proche ? Mais supposons qu'on soit arrivé sous les murs *en pisé* d'Insalah. Les habitants sont, au fond, des gens bien paisibles qui n'auraient pas manqué de tenir au commandant de la colonne le langage suivant : « Avec nos lances et nos fusils à pierre, nous savons bien que nous ne pouvons lutter contre vos canons et vos armes perfectionnées ; d'ailleurs nous ne sommes pas les ennemis de la France : la preuve c'est qu'à une époque nous avons fait, à l'exemple du Mzab, des démarches pour

---

(1) Toutefois les Chambâ en sont très satisfaits, car ils espèrent que ça va leur permettre d'étendre leurs opérations ! Le mal, c'est que ces postes, à 600 kilo- mètres de la gare la plus rapprochée, coûtent *horriblement cher* à ravitailler. Il est vrai que, pour certains, ça va devenir un prétexte à chemins de fer !

nous mettre sous votre protection ; car nous sommes les victimes des nomades, qui viennent nous razzier et nous enlever nos récoltes. Si nous vous faisions bon accueil, après votre départ nous en serions rudement châtiés. Mais occupez le pays à titre définitif et nous serons avec vous ; pour cela le meilleur moyen serait de remonter vers le nord-ouest, pour tenir Igli et fermer toute communication avec le Maroc. Nous ne serions plus exposés alors qu'aux seules attaques des Touareg, contre lesquels nous nous défendons assez bien, surtout si vous nous faisiez hommage de quelques-uns de ces vieux canons que vous conservez dans vos musées ; car, votre explorateur René Caillé vous l'a appris, les Touareg sont pris de frayeur au bruit de la mousqueterie. (1) »

Si la fameuse expédition en question, qui aurait coûté des sommes considérables, n'a pas eu lieu, cela tient incontestablement à ce qu'on n'a pu répondre d'une façon satisfaisante à la question posée par un membre indiscret du Gouvernement.

Toutefois, il faut reconnaître qu'aujourd'hui les dispositions d'une partie de la population du Touat sont singulièrement modifiées. A l'instigation des Snoussi (2), cette secte religieuse qui s'est fondée en Tripolitaine et qui, comme cela arrive fréquemment, a surtout pris de l'extension loin de son pays d'origine, les Touatiens cherchent à se mettre sous la protection de l'Empereur du Maroc, qui a déjà envoyé des manteaux d'investiture à plusieurs chefs. Il est temps d'agir vigoureusement si nous ne voulons nous trouver en présence d'un fait accompli, et il n'y a pas d'autre moyen que l'occupation d'Igli. Il est absolument inutile d'essayer de résoudre la question par la voie diplomatique : les Marocains nous promettraient, au besoin, tout ce que nous voudrions, sauf à ne tenir aucun compte de leurs promesses. L'année dernière, le Chérif d'Ouazzan, qui est un ami de la France et qui jouissait autrefois d'une grande influence religieuse au Touat, s'y rendit pour faire de la propagande en notre faveur ; mais il n'eut aucun succès et dut rentrer piteusement, heureux qu'on ne lui ait pas fait un mauvais parti. Nous avions, du reste, connaissant l'état des esprits au Touat, annoncé *urbi et orbi* l'échec probable de cette mission.

---

(1) Les Turcs ne possèdent dans les oasis de la Tripolitaine et du Fezzan, que des garnisons insignifiantes : 9 hommes à Ghadamès, 20 à Mourzouk. Il nous suffirait d'installer dans les principales localités du Touat des gendarmes indigènes, qui vivraient à la mode du pays, et dont les familles et les biens resteraient en gage dans le Tell.

(2) Et peut-être un peu aussi des Anglais, qui craignent de voir le marché du Touat leur échapper, comme nous le disions plus haut.

Avant de terminer cette étude, nous tenons à répondre à une question que nos lecteurs ne manqueraient pas de nous poser : Puisque vous estimez que le chemin de fer d'Aïn-Sefra à Igli donnerait, dès le début, des produits suffisants pour couvrir tous les frais, au point qu'il n'en résulterait, d'après vous, aucune charge nouvelle pour l'État, pourquoi, à l'exemple de ce qui se passe à Biskra, une Société particulière ne se chargerait-elle pas de la construction de cette ligne ? La réponse est facile. D'abord, dans nos calculs, nous avons tenu compte de la plus-value, qui résulterait pour le réseau déjà construit, plus-value dont profiterait l'État, qui accorde sa garantie à ce réseau (1). Ensuite cette ligne ne présente pas seulement un intérêt économique, mais aussi un intérêt politique et stratégique considérable, puisqu'elle nous assurerait la paisible possession du Touat et qu'elle nous donnerait le moyen de maintenir les populations du Tafilalet et du Sahara marocain, dont quelques-unes sont très entreprenantes et toujours prêtes à la révolte, même contre l'Empereur du Maroc. Il est aussi probable que pendant la construction de la voie ferrée il y aura des coups de fusil à tirer, non contre les habitants des ksour ou villages arabes, qui sont fort paisibles, mais contre les nomades qui ne nous verront pas arriver avec plaisir, sachant fort bien que nous nous empresserons de mettre fin à leurs déprédations. Mais hâtons-nous d'ajouter qu'avec les armes perfectionnées d'aujourd'hui, les engagements contre les indigènes n'ont aucune importance et ne présentent quelque danger que dans les surprises et dans le ravitaillement des colonnes. Si l'on prend la précaution de ne se porter en avant qu'au fur et à mesure de l'avancement des travaux, on n'aura rien à redouter.

A Igli, il sera nécessaire de construire des établissements militaires de quelque importance ; mais comme d'autre part les places de Laghouat et de Géryville, si onéreuses à ravitailler à cause de leur éloignement de la voie ferrée, pourront, lorsque cette porte, toujours ouverte sur l'insurrection dans le Sud-Oranais, sera fermée, être sinon supprimées, du moins considérablement réduites, il n'en résultera aucune aggravation de charge pour l'État. Dans chacune des gares de la ligne actuelle de Méchéria, une

---

(1) C'est ici le cas de faire remarquer que sur les 454 kilomètres d'Arzew à Aïn-Sefra, 214 ont été construits et exploités depuis 15 ans aux frais d'une Société particulière, et que par ce fait, l'État a économisé, au titre de la garantie d'intérêts, une quinzaine de millions, sans compter que la même Société a colonisé soit directement, soit indirectement, de grandes surfaces dans la province d'Oran.

poignée d'hommes, avec les armes d'aujourd'hui, pourraient lutter contre une nuée d'Arabes, aussi longtemps qu'ils auraient des munitions. Tout le monde connaît le beau fait d'armes de Mazagran, où 123 hommes armés de fusils à pierre, avec des munitions qui vinrent à manquer, résistèrent, dans une redoute en pierres sèches, à une attaque de 10,000 Arabes. Un officier de nos amis à calculé qu'avec des fusils Lebel tirant sur des masses humaines pareilles, ce combat aurait duré 17 minutes au maximum.

On comprend que dans ces conditions, l'État seul doit prendre à sa charge le tronçon d'Aïn-Sefra à Igli.

Mais lorsque le chemin de fer atteindra ce point et que le Touat, coupé de ses communications avec le Maroc, sera tenu dans nos mains, comme le Mzab aujourd'hui, c'est alors qu'une Société de colonisation pourra utilement se fonder pour prolonger la voie ferrée à travers tout le Touat et mettre en valeur les vastes terrains irrigables, dont les indigènes ne savent actuellement tirer aucun parti et qui, par suite, appartiendront à l'État, qui pourra les concéder sans léser aucun intérêt.

A part quelques points où les eaux croupissent à la surface, le pays jouit d'une salubrité exceptionnelle. Tous les explorateurs s'accordent à dire que, malgré les grandes chaleurs estivales, la partie de l'Afrique qui est balayée par les vents secs est très saine. Il suffit du reste, pour en juger, de voir la mine superbe des robustes travailleurs, qui tous les ans viennent du Touat et des oasis du Sud pour nous offrir leurs bras. Le Touat deviendra peut-être une des plus belles stations hivernales du monde entier.

En résumé, pendant que l'Algérie se débat contre la sécheresse et que la famine fait des victimes parmi les indigènes, il existe, au sud de la province d'Oran, un pays privilégié qui n'a rien à redouter de la sécheresse, au contraire, et qui produit en abondance une denrée, constituant pour les indigènes un aliment comparable à la pomme de terre pour les Européens. Il suffirait de prolonger la voie ferrée d'Aïn-Sefra à Igli, sur 350 kilomètres, pour permettre à cette denrée d'arriver à vil prix sur nos marchés, et, par suite, pour atténuer singulièrement les famines qui désolent périodiquement ce pays. Il existe, de plus, d'excellentes raisons au point de vue stratégique et politique pour se hâter de faire cette ligne, qui ferait ses frais de suite et dont la construction est d'ailleurs décidée en principe dans les sphères gouvernementales. Pourquoi dès lors ne pas la construire immédiatement ?

ON TROUVE A LA MÊME LIBRAIRIE

DU MÊME AUTEUR :

Le Sahara et la Cause des variations que subit son climat depuis les temps historiques (gulf-streams, courants polaires, courants équatoriaux). — PRIX : **1** franc.

La Prévision du Temps. — PRIX : **2** francs.

La Vérité sur le Transsaharien. — PRIX : **1** franc.

Oran. — Imp. D. HEINTZ, boulevard Malakoff, 9.